Louis **LESPINE**

FRANÇAISES

1914-1915

UNE INFIRMIÈRE

AU CŒUR DU « GRAND COURONNÉ »

BERGER-LEVRAULT, LIBRAIRES-ÉDITEURS

PARIS | NANCY
5, RUE DES BEAUX-ARTS | RUE DES GLACIS, 18

1916

FRANÇAISES

1914-1915

Louis **LESPINE**

FRANÇAISES

1914-1915

UNE INFIRMIÈRE

AU COEUR DU « GRAND COURONNÉ »

ERGER-LEVRAULT, LIBRAIRES-ÉDITEURS

PARIS | NANCY

5-7, RUE DES BEAUX-ARTS | RUE DES GLACIS, 18

1916

Ce n'est guère le moment de parler ni d'écrire, mais celui d'agir.

Il est pourtant de nobles exemples, de beaux efforts qu'il est bon de faire connaître.

Louis LESPINE.

Nancy, le 2 novembre 1915.

UNE INFIRMIÈRE [1]

Mesdames

de l'Union des Femmes de France,

Il fallait avoir suivi, comme moi, la préparation et le classement, dès le temps de paix, de l'hôpital auxiliaire 102, son organisation au moment de la mobilisation, son fonctionnement et son développement ensuite [2], tout cela réalisé, avec l'aide des dames si dévouées de son comité, par votre présidente et directrice [3], pour éprouver les inquiétudes qui m'assaillirent à son sujet, quand je sus Lunéville bombardée et occupée par l'ennemi.

[1] Allocution prononcée le 4 décembre 1914, à Lunéville, en qualité de délégué régional de l'Union des Femmes de France, pour la 20e région militaire, aux obsèques de M‍lle Marie-Suzanne Gilles, infirmière à l'hôpital auxiliaire 102, tuée en service le 28 août 1914.

[2] L'hôpital auxiliaire 102, classé en première série par le Ministre de la guerre, pour 5o lits, avait été porté, dès avant la mobilisation, à 15o lits ; il en comporte actuellement 26o.

[3] M‍me Bichat, qui dès le temps de paix, et durant la guerre, au moment du bombardement et de l'occupation allemande notamment, montra les qualités que l'on devine nécessaires en de pareilles circonstances. M‍me Bichat a été citée à l'ordre de l'armée.

A M‍me Bichat, devait succéder, comme directrice, M‍me Fourestier, qui, après avoir rendu au Maroc d'abord et, depuis la guerre, à Nancy, de signalés services, porta l'organisation de l'hôpital 102 à un

Parti une première fois, confiant en des renseignements inexacts, je n'avais pu, dans la bataille, arriver jusqu'à votre ville encore aux mains allemandes ; ce fut donc avec une joie mêlée d'angoisse que, dès le lendemain de la délivrance, je m'y rendis, au travers des champs sillonnés de tranchées et semés de cadavres, auprès des clochers troués, des murailles éventrées de vos villages ; et mon premier passage sur un ponceau de bois construit en hâte pour les piétons, et dont je dus attendre l'achèvement, puis dans vos faubourgs et dans vos rues, parmi les maisons incendiées ou renversées, me laisse aujourd'hui encore un souvenir poignant, une vision de désastre, nette comme à l'époque.

Mais quel soulagement intense je crus éprouver, quand, touchant au but, je vis le drapeau de la Croix-Rouge flotter, immuable, sur votre hôpital !

Hélas ! ce sentiment ne devait pas être de longue durée : sitôt entré, j'apprenais de quel prix les Femmes de France avaient payé l'honneur de n'avoir point déserté leur poste.

Mesdames les Infirmières, vous qui rêvez parfois des plaines où vous relèveriez, au soir des batailles,

---

si brillant degré de perfection et en régla si heureusement le service qu'elle fut de ce chef citée, elle aussi, à l'ordre de l'armée, avec les docteurs Tavernier et Rigal, chirurgiens opérant dans cette formation. Le médecin chef de l'hôpital est M. le médecin-major Guilbaud.

Le comité de Lunéville est actuellement présidé par Mme de Langenhagen, femme du sénateur de Meurthe-et-Moselle, qui le dirige avec toute la compétence et l'autorité qui conviennent.

tout auréolées d'un soleil couchant, rouge comme de sang versé, les blessés que vous panseriez et sauveriez, sous la mitraille crachée dans les derniers soubresauts des canons ennemis, vous, Mesdames, qui estimez qu'ainsi vous serviriez avec plus d'honneur, parce qu'en guerre l'honneur ne peut être sans le risque de la mort, Mesdames, souvenez-vous de ce modeste hôpital auxiliaire, de ce collège lorrain.

Car la mort a plané sur son humble cour plantée d'arbres, entre ses hautes murailles grises, et elle s'y est brutalement abattue, broyant l'une des vôtres, une enfant de dix-huit ans, tombée en service, au champ d'honneur, fauchée par un obus.

Et, sans que vous ayez été sur un champ de bataille, vous avez toutes été à l'honneur. Il a jailli, avec son sang, des blessures de Suzanne Gilles et vous a toutes éclaboussées, Mesdames, qui, sous les obus continuant à tomber sur le collège, pensiez que le sort de votre camarade serait le vôtre, peut-être le lendemain, peut-être dans quelques instants, et qui êtes restées là, stoïquement, à votre poste, égales, je dirai presque supérieures, aux plus magnifiques de nos soldats.

Ceux-ci, en effet, les défenseurs de la Lorraine, nous les avons vus partir de leurs foyers sans une hésitation, forts de leur volonté de vaincre, de leur confiance dans le droit de la Patrie qu'ils allaient sauver.

Mais ces hommes dont nous admirons la vaillance, c’était, parce qu’ils étaient des hommes, je ne voudrais pas dire la loi, mais plus haut encore que la loi, leur conscience même de citoyens qui dictait leur conduite.

Cette enfant, au contraire, et vous-mêmes, Mesdames, comme il était simple, étant des femmes, que vous n’exposiez pas vos vies, que vous restiez à vos foyers, que vous en cherchiez même d’autres, en une contrée moins exposée.

Quelles nobles volontaires fûtes-vous donc, et quel soldat mort au feu fut volontaire au point de cette héroïque Suzanne Gilles !

Et quelle confraternité, après de semblables morts, les Femmes de France n’ont-elles pas avec l’armée !

Au nom de Marie Feuillet, notre grande morte du temps de paix, abattue par la maladie au chevet de nos soldats du Maroc, s’ajoute à présent celui de Suzanne Gilles, et je voudrais qu’il fût porté à la connaissance de nos troupes (¹).

Car, n’est-il pas vrai, quand les hommes verraient, en pensée, leur pauvre petite sœur, leur infirmière, étendue, dans son hôpital, toute rouge de sang dans sa virginale blouse blanche, un éclair passerait dans les yeux, comme un frémissement

-----

(1) Ce vœu est aujourd’hui réalisé : Mlle Suzanne Gilles a été citée à l’ordre de l’armée.

dans les âmes. Et ainsi, cette enfant, qui a servi les soldats de France durant sa vie, servirait encore la Patrie par delà la tombe, la mort élargissant et magnifiant son œuvre, en exaltant le courage de ses défenseurs.

C'est dans ces sentiments qu'au nom du Conseil central de l'Union des Femmes de France, et au mien, j'adresse un dernier adieu à celle qui est l'honneur de notre société et de la Croix-Rouge entière.

AU CŒUR DU « GRAND COURONNÉ »

Mesdames, Messieurs,

Comment ne pas évoquer, si près de son anniversaire, le jour auquel se donnait, les années passées, le spectacle le plus émouvant et le plus beau ?

Sur la place accoutumée, les baïonnettes massées, ondulantes et étincelantes sous le grand soleil de juillet, les chevaux piaffant et s'ébrouant sous les hussards bleus qui contenaient leur impatience, les drapeaux s'inclinant devant le chef tout couvert d'or et de rubans d'ordres, dont les plumes blanches les saluaient au passage.

La foule énorme, entassée tout autour des troupes et, parmi elle, de ces hommes venus de l'autre côté de la frontière et dont le cœur gardait un incertain, mais incoercible espoir ; d'autres aussi, que nous voyions sans trop de dépit, parce qu'il ne nous déplaisait pas qu'ils contemplassent la force de la France.

---

(1) Allocution prononcée à Nancy le 22 juillet 1915, en qualité de délégué régional de l'Union des Femmes de France pour la 20ᵉ région, à la séance de distribution aux infirmières des diplômes de guerre.

Comme le commandant du 20ᵉ corps (¹) regardait serein, rassuré pour l'avenir, en les voyant, ses soldats magnifiques, les chefs de l'Union des Femmes de France pouvaient-ils considérer leur tâche plus modeste comme loyalement remplie ?

Ils pouvaient légitimement le penser, car leur association tenait, dans la 20ᵉ région, la tête des Sociétés d'assistance aux blessés de l'armée, non peut-être pour le nombre des adhérents ou des comités, mais pour celui des lits qu'ils avaient préparés à nos soldats, dans ces hôpitaux auxiliaires régulièrement classés, qui constituent l'essentiel de l'œuvre de la Croix-Rouge.

Pour ne parler que de Nancy, on vous a dit tout à l'heure que nous y possédions quatre cents lits (²).

*
* *

Mais, depuis cette Fête nationale de 1914, quelques jours à peine se sont écoulés, et la situation internationale s'est obscurcie au point que, chaque soir tombant sur la terre, il apparaît que, si la guerre européenne n'éclate pas, du moins, jamais n'en a-t-on été si près, et jamais le remède n'en a paru plus introuvable.

---

(1) Le général Foch, depuis commandant un groupe d'armées.

(2) Trois cents à l'hôpital 101 (Lycée Poincaré), cent à l'hôpital 108 (Pensionnat de Santifontaine).

Alors l'Union prévient son personnel, s'inquiète de ses locaux, de ses fonds confiés aux caisses publiques, qui de suite les versent, sans une objection, sans l'attente d'une journée.

Mais les événements se précipitent : les Nancéiens prévenus par appels individuels, s'arrachant aux enlacements très chers, se hâtent vers les casernes ou les trains qui vont les emporter vers leurs corps.

L'Union travaillait fiévreusement et, qu'il me soit permis ici de répéter ce qu'un représentant autorisé du Service de Santé me déclarait à l'époque : « Les hôpitaux de l'Union, eussent-ils dû ouvrir leurs portes au premier jour de la mobilisation, comme le leur demandait le ministre, ils étaient prêts. »

*
* *

Donc, ils étaient partis, nos frères héroïques, nos soldats admirables du 20ᵉ corps; ils étaient à leurs cantonnements, et déjà un service spécial de secours, avant même les batailles, leur était nécessaire.

Ce fut au délégué de l'Union que le directeur du Service de Santé s'adressa, et il ne se repentit point de la confiance qu'il accordait à notre société.

Les voitures de notre convoi automobile (¹), dès

---

(1) Auquel collaborèrent plus particulièrement MM. Thiry, président de l'Automobile-Club lorrain, Majorelle et Robert Stoffel.

l'heure où, sur les murs de nos villes, de nos bourgs et de nos plus humbles villages, fut affiché le solennel et redoutable ordre de mobilisation, prélude de la guerre imminente, s'en allèrent régulièrement, méthodiquement, desservir tous les cantonnements.

Ah ! les voir, tous ces soldats de Lorraine, au bord des chemins, dans les champs tout pleins de gaîté et de soleil, dans les demeures des braves gens qui leur faisaient fête ; les voir sans les dorures et les panaches du 14 juillet, mais si simples et si confiants ; les voir là comme en manœuvres, mais si pressés de se mesurer avec un ennemi qui leur apparaissait, je ne dirai pas comme vaincu d'avance, mais comme ne pouvant résister à l'élan, à la foi profonde des libres citoyens de France levés pour défendre, de toute leur volonté consciente, la Patrie pacifique odieusement attaquée...

Les voir ainsi, quelle joie, quel réconfort ! Mais aussi quel devoir tracé !

Nos quatre cents lits, dont j'ai parlé tout à l'heure, pouvaient-ils suffire à l'effort qui allait être donné ?

L'association sœur de la nôtre, la Société de Secours aux Blessés, ne le pensait pas et multipliait locaux et lits hospitaliers.

Le directeur du Service de Santé du 20ᵉ corps[1],

---

(1) Le médecin inspecteur Sieur, depuis chef supérieur du Service de Santé de la ᵉ armée, puis directeur du Service de Santé de la défense de Paris.

suivant en cela, envers nous, les traditions de bien-
veillance d'un prédécesseur qui, aujourd'hui encore,
nous fait l'honneur d'être des nôtres (¹), nous attri-
bua les locaux que l'Université lui offrait.

Alors sortirent de terre, si j'ose dire, nos hôpitaux nouveaux, nos hôpitaux improvisés, et en
quelle hâte !

Car jamais il ne faudra l'oublier : pendant ce
temps, nous songions que, le lendemain peut-être,
ces formations devraient ouvrir leurs portes.

Alors vinrent à nous les personnes de grand
cœur, d'admirable patriotisme que Mme la Présidente (²) a remerciées en termes si parfaits, et dont
la modestie, j'en suis sûr, me saura gré de ne point
les nommer à nouveau.

Quelle aide ne trouvâmes-nous pas auprès d'elles,
quels préparatifs pour tout ce qui n'était pas
purement technique avaient déjà été faits par elles !
Que de lits, que de linge et que de personnel
administratif ou infirmier, elles en tête, n'avaient-
elles pas recueillis ou recrutés !

____

(1) Le médecin inspecteur Schneider, ancien directeur du Service
de Santé du 20ᵉ corps, médecin chef de l'hôpital auxilliaire 107, à
Nancy, président du jury d'examen.

(2) Mme Auguste George, femme du Premier Président de la Cour
d'appel de Nancy, qui, présidente d'honneur depuis plusieurs années,
prit au cours de la guerre, avec une grande autorité et un tact par-
ticulier, la présidence active, en remplacement de Mme Benckhard,
devenue elle-même présidente d'honneur.

Les noms des personnes citées par Mme George se trouvent, avec
d'autres, indiqués pour la plupart dans le tableau de la page 26.

Notre Siège central ne nous ménagea pas non plus son appui, tant en nous envoyant des infirmières d'expérience, et jusqu'à l'une de ses plus éminentes directrices [1], qu'en nous aidant de ses deniers.

Pour ces raisons, notre effort financier devait être un peu diminué ; mais il n'en fut pas moins écrasant, puisque des quatre cents lits prévus, nous passâmes à plus de seize cents [2] ; je ne compte que ceux régulièrement classés et qui fonctionnèrent effectivement.

Cette entreprise entraînait une lourde responsabilité ; elle n'apparaît pourtant pas imprudente, puisque, sans parler de la confiance générale qui, au rayonnement de l'offensive du début, limitait la guerre à quelques semaines, nous soutînmes cet effort, j'en appelle à votre excellent trésorier [3], sans déficit durant près d'une année.

Mais apparut-elle imprudente ? Le comité de Nancy et le délégué régional, auquel l'instruction ministérielle du 21 mai 1913 confie la mission de diriger l'organisation des hôpitaux auxiliaires, n'ont pas à redouter cette responsabilité.

*
* *

---

[1] Mme Chardayre, directrice adjointe de l'enseignement, membre du Conseil central, infirmière chef à l'hôpital auxiliaire 107.

Je n'aurai garde d'oublier non plus M. Paul Brettmayer, envoyé en mission temporaire par le Siège central.

[2] Voir page 26.

[3] M. Reiter, vice-président du Tribunal civil de Nancy.

Quelques semaines avaient passé, en effet, depuis la mobilisation et la déclaration de guerre, et voici que nos troupes refoulées de la Lorraine d'à côté, la plus chère et aimée Lorraine, s'accrochent, comme des aigles à leurs nids, aux défenses du « Grand Couronné ».

Voici l'épopée qui commence pour Nancy.

Du mont d'Amance, de Sainte-Geneviève et du Rembêtant, nos canons tonnent ; dans leurs primitives tranchées, nos frères défendent nos villages et nos campagnes. Certes, ce ne sont plus les jolis villages de grandes manœuvres que notre convoi visitait aux premiers jours de la mobilisation.

Mais il les visitait toujours ; à la vérité, les clochers avaient été traversés par les boulets, les vieilles murailles grises s'étaient écroulées et les toitures étaient tombées, les obus avaient troué le sol sans trêve ; mais nos soldats tenaient, tenaient et sauvaient la France, et sauvaient Nancy.

Non, l'Union n'a point à regretter son effort, car ses hôpitaux regorgeaient de blessés (et de mourants, qu'on sauvait parfois tout de même) qui, sans elle, eussent pu être sans abri ([1]).

Et, durant cette période d'intense activité, nos hôpitaux eurent, auprès de nos tranchées, leur part de mérite.

([1]) Les hôpitaux de l'Union des Femmes de France, à Nancy, comptèrent, pendant les mois d'août et de septembre 1914, 35.170 journées d'hospitalisation.

Telles nuits, l'on put croire que les Allemands allaient forcer nos défenses, et le commandement prévoyant ordonna l'évacuation aussi large que possible de nos formations sanitaires.

L'une surtout de ces nuits sinistres [1], comme je jetai, sans le laisser voir, sur ces hôpitaux si bien, si péniblement, si activement aménagés, un regard d'inquiète tristesse, pensant que, vraisemblablement à l'aube, ils seraient aux mains d'un ennemi qui n'en respecterait peut-être ni les blessés ni le personnel !

Cette nuit où ces pauvres gens partaient en hâte, et où j'eus pourtant la satisfaction que, si tous s'arrachaient avec un certain regret du bon et doux asile, aucun n'en fut enlevé dont la santé pût en souffrir, cette nuit où, dans la grisaille du matin, les longs trains s'ébranlaient, emmenant vers des lieux plus tranquilles les hommes auxquels on pensait éviter ainsi la captivité ! Ah ! les lugubres trains sifflant, haletant le long des voies, se traînant durant des heures, des journées et des nuits, au moins n'en vîmes-nous que le départ !

Mais, près de ceux qui restaient, restèrent celles et ceux qu'il fallait pour qu'ils fussent soignés ; à leur chevet demeurèrent sans peur infirmières et médecins en nombre voulu, et le service, aux lendemains, ne fut interrompu dans aucun hôpital de l'Union.

---

(1) Du 22 au 23 août 1914.

Honneur à ces braves, honneur à leur sang-froid et à leur fermeté, plus difficiles parfois à conserver dans ces obscures circonstances, que dans telle occasion guerrière.

*
* *

Mais un jour l'Allemand recula ; la France était sauvée. Nancy, à quelques kilomètres de l'ennemi, était inviolée.

Pourtant il avait, cet ennemi, de loin et par surprise, voulu la meurtrir.

Une nuit de tempête, aux lueurs de la foudre s'unit la flamme des canons ; aux roulements du tonnerre se mêla le fracas des obus explosant sur la ville ([1]).

Je puis encore affirmer que cette fois, dans les quartiers bombardés, où nous comptions cinq hôpitaux que je visitai, tout se passa avec l'ordre, le calme, le courage le plus parfaits.

Les blessés furent portés dans les caves, et, en cette heure, qui eût pu émouvoir d'autres que des Femmes de France, on sut, préférant un risque hyothétique à un danger certain, ne pas déplacer inutilement ceux dont l'état interdisait le transport.

Pourtant, un obus tomba chez nous, dans le Pensionnat de Mme Maury, dont vous parlait tout à l'heure votre présidente ; les vitres brisées, les éclats du projectile emplirent une salle de malades ;

______

([1]) Nuit du 9 au 10 septembre 1914.

mais tout était fait, les blessés étaient à l'abri, la présence d'esprit de la directrice et de ses aides avait sauvé la situation.

*
* *

Tout ceci, c'est ce que je nommais tout à l'heure bien justement, en songeant à nos troupes, l'épopée. Mais pour nos hôpitaux, cette expression serait bien ambitieuse sûrement, puisqu'il n'y eut pas de morts parmi nous, pas d'infirmières tuées au champ d'honneur, comme, hélas! à notre hôpital de Lunéville (¹).

Ambitieuse, puisque aucune de nos directrices, aucun de nos médecins chefs n'eut à opposer à l'envahisseur son impassible volonté.

Mais, pourtant, de tout cela, vous aviez été si près ; de tout cela, vous aviez si bien pris votre parti ; de tout cela, vous eussiez, à coup sûr, si noblement triomphé, qu'il ne semble pas si excessif, vous à qui l'événement seul manqua, de vous égaler à celles et à ceux pour qui advint cette occasion tragique.

Et si vous êtes noblement jalouses d'autres infirmières dont la vie fut plus exposée encore, il serait paradoxal, avouez-le, Mesdames, d'en vouloir aux seuls coupables, à vos blessés, aux héroïques soldats qui vous ont trop bien défendues.

----

(1) Voir ci-dessus page 7.

Parlerai-je des entreprises aériennes dirigées par l'ennemi contre notre ville, puisque aussi bien la plus considérable d'entre elles laissa, elle-même, intacts nos hôpitaux qui, cependant, à maintes reprises abritèrent les victimes (¹) ?

*
* *

Mais voici le grand effort passé de nos côtés, voici notre 20ᵉ corps parti pour le Nord, et notre convoi automobile l'y accompagne fidèlement et utilement.

Et nous demeurons dans une situation moins en vue, mais où votre inlassable dévouement, Mesdames, Messieurs les Médecins, sut s'exercer au lit des typhoïdiques, sans crainte de la contagion ni répugnance pour les soins à donner.

*
* *

Puis ce fut une période de relative accalmie (²), qui put paraître à certaines une longue attente.

Attente heureusement mise à profit, où l'on perfectionna ses moyens d'action, où l'on acquit même,

---

(1) Nancy fut, par deux fois et principalement dans la nuit du 25 au 26 décembre, bombardée par un zeppelin et très fréquemment par des avions.

(2) L'autorité militaire désire en général laisser, dans les hôpitaux situés à proximité du front, un assez grand nombre de lits disponibles, pour parer aux éventualités qui pourraient brusquement survenir.

oserais-je l'avouer, une expérience administrative que, de plus en plus, on exige de nous, et que nous ne possédions pas peut-être en totalité.

Veillée des armes pareille à celle que nos troupes ont tant de fois subie sur le front.

Veillée des armes qu'il faut passer sereinement, dignement, simplement.

Mesdames, malgré votre sexe, et parce que vous êtes de la Croix-Rouge, vous êtes des soldats : obéissez donc aux nécessités de l'heure, en vous résignant parfois, mais obéissez ; j'entends bien qu'il peut paraître dur d'avoir quitté ses foyers et sa famille pour n'accomplir, même momentanément, qu'une tâche demandant un labeur médiocre.

Mais nous, les chefs responsables des sociétés, ne pensez-vous pas que nous avons aussi des heures où telles préoccupations, ne seraient-elles que financières, nous assaillent de ce chef.

Et pourtant, nous voulons que notre œuvre subsiste, qu'elle « tienne » toute la durée de la guerre ; les murs de nos hôpitaux ont, sous les obus, continué à profiler leur silhouette de pierre sur le ciel d'azur ou sur celui des nuits traversées d'éclairs ; notre personnel, tel qu'il nous demeure aujourd'hui, a dressé, lui aussi, sur l'écran du danger physique et moral, l'ombre grandiose de son âme impavide.

Cette fermeté se maintiendra jusqu'au bout ;

comme nous, vous ferez confiance aux chefs du Service de Santé, qui, je l'ai toujours professé et le répète volontiers aujourd'hui encore, sont nos directeurs et nos guides.

Oui, les qualités maîtresses de cette guerre, plus fatales à l'ennemi que telle action d'éclat brillante et momentanée, plus méritoires parfois pour certaines natures, sont la patience, la ténacité, l'obstination.

Je souhaite de toute mon âme de Français qu'elles ne soient plus utiles longtemps; mais quand même, vous me permettrez, n'est-ce pas, de dire en votre nom aux défenseurs, aux vengeurs de la Patrie :

« Les Femmes de France vous admirent, vous vénèrent, vous imitent; vous vous battez pour elles sans lassitude; elles seront, elles, sans lassitude pour vous servir et pour vous panser, aujourd'hui comme hier, demain comme aujourd'hui, et tant qu'il le faudra.

« Déjà, soldats de Nancy, vous êtes revenus momentanément près d'elles, non plus en blessés dans leurs hôpitaux, mais en pères, en maris, en fils, dans leurs foyers; dans ces foyers ou dans ces hôpitaux, elles vous attendront bravement, jusqu'à ce que vous accouriez pour toujours, auréolés enfin des lauriers de la définitive et indiscutable victoire. »

NUMÉRO d'ordre	DÉSIGNATION DE L'ÉTABLISSEMENT	NOMBRE de lits	MÉDECIN CHEF
101	Lycée Poincaré	400	Profes. Rohmer.
101 (annexe)	Patronage Saint-Fiacre . . .	42	Dr Gentil.
107	École normale d'Instituteurs .		
107 (annexe)	Maison Blavier	300	Médecin Inspecteur Schneider.
107 (annexe)	Maison Kind		
108	Pensionnat de Santifontaine. .	120	Médecin aide-major Potherat.
108 (annexe)	Institution des Jeunes Aveugles	100	
108 (annexe)	Pension Weil-Aron	50	Dr Thouvenin.
109	Lycée Jeanne-d'Arc		
109 (annexe)	École nationale des Eaux et Forêts	287	Profes. Jacques.
109 (annexe)	Pension Maury	75	Dr Pillement.
110	Maison de la Doctrine Chrétienne	108	Dr Hyppolite.
111	École normale d'Institutrices à Maxéville.	214	Médecin aide-major Senlecq.
111 (annexe)	Maison Benech		

Au total 14 hôpitaux principaux ou annexes contenant 1.696 lits.

...DECINS CHEFS antérieurs	ADMINIS- TRATEUR ou administratrice	ADMINISTRATEURS ou administratrices antérieurs	INFIRMIÈRE chef	INFIRMIÈRES chefs antérieures
»	Madame Benckhard.	»	Mlle Courtot.	»
»	M. Mora-wetz.	M. Binet doyen Facul. Droit.	»	»
»	»	»	Mme Char-dayre.	Mme Yvon.
...Chrétien. ...Médecin ...de-major ...asquet.	Mme Stoffel.	»	Mlle Dubois.	Mlle Klippel. Mlle Roussel. Mme de Pes-loüan.
»	Mme Weil-Aron.	»	Mme Faraud.	»
...édecins ...es-majors ...rbonnel t Bosc.	Mme Ravaire.	»	»	Mlle Haffner.
...édecin ...u-major ...ourette.	Mlle Maury.	»	»	»
»	Mme la Sup. g^{le} de la Doct. Chrétienne.	»	»	»
...r Küss.	M. Renard Prof. Faculté de Droit.	Mme Évard.	Mme Morand.	Mme Mascart. Mlle Roussel.

NANCY, IMPRIMERIE BERGER-LEVRAULT — OCT. 1916

www.ingramcontent.com/pod-product-compliance
Lightning Source LLC
LaVergne TN
LVHW020103070726
842525LV00018B/1733